気（き）をつけよう！海賊版（かいぞくばん）・違法（いほう）ダウンロード

① なぜ海賊版（かいぞくばん）が
できるようになったの？

監修：上沼紫野（弁護士・虎ノ門南法律事務所）
編：メディア・ビュー
取材協力：（一社）コンテンツ海外流通促進機構（CODA）
（一社）ABJ（公社）日本漫画家協会

汐文社

はじめに

　私たちが日々、楽しんで利用している漫画や小説、アニメ、映画、音楽などは、それぞれに作った人がいて、できあがるまでにたくさんの時間や労力、お金などが費やされています。けれども、この本で取り上げる「海賊版」は、作者に無断で複製した違法なもので、それらは時間や労力、お金などを費やすことなく作られています。

　違法に作られる海賊版は、以前は形のある「もの」でしたが、インターネットの普及とともに、インターネットを介して視聴したり、ダウンロードしたり、共有したりすることのできる「データ」が主流となっています。この違法な「データ」が世の中に急速に広まり社会問題にもなったのが、違法なデータを集め、サイト上で視聴したりダウンロードしたりできるようにすることで利用者を集める「海賊版サイト」と呼ばれるものです。海賊版サイトのほとんどが無料で利用できるため、違法な存在にもかかわらず、多くの人が訪れるようになってしまっています。

　シリーズ第1巻では、そもそも海賊版はどのように生まれたのか、海賊版が存在することによる影響、正規品と海賊版の違いなどについて取り上げています。このシリーズで取り上げる内容は、海賊版問題の一部にすぎません。けれども、世の中にあふれる作品を正しく利用するために知っておいてほしい内容をセレクトして紹介しています。将来、みなさんが作品を作る側になったときのためにも、海賊版についての正しい知識を理解していただけたらと思います。

もくじ

① もしも、自分の作った作品を勝手に使われたら

1つの漫画作品ができあがるまでには、漫画家やアシスタント、その他多くの人の労力と時間がかけられています。漫画が生み出されて、読者の手に届くまでには16〜19ページのような工程があります。

古くから、価値のあるものや創作物の
模倣や偽物が勝手に作られ、被害が出ていました。
この本では、そうした不正な行為について取り上げます。

インターネット上には、無料で読めることをアピールしているサイトがあります。その中には、不正な手段で入手したデータを作者に無断で掲載している海賊版サイトもあります。➡8、9、14、15ページ

海賊版サイトには、さまざまな種類があります。➡14、15ページ

② 海賊版って何？

創作物である作品は、基本的に作った人が権利を持つ

　世界中で、漫画や小説、アニメ、音楽、映画などの創作物である作品が、日夜たくさん生み出されています。自分の思想や感情を表現した文章や美術、音楽、映像などの作品は「著作物」と呼ばれ、それらの作品は、基本的に作った人や会社が、その著作物を自由に使ったり売ったりするなどの権利である「著作権」を持っています。

　著作権を持つ人に無断で、複製や商品化された作品のことを通称「海賊版」と言います。法律的に表現すると「無許諾複製物」ですが、その許可を得ずに無断で人の作品を勝手に扱う行為が、不法な海賊行為に似ていることから、広くこのように呼ばれるようになりました。以前は、作品の現物を複製することで作られていた海賊版ですが、インターネットが世界的に広まり、不特定多数の人がかんたんに作品をデータとしてアップロードやダウ

ンロードしたり、ネット上で視聴したりすることができるようになり、その結果、海賊版の数はぼう大となり、深刻な社会問題になっています。

さまざまな
呼ばれ方をされる海賊版

　海賊版は英語では、「パイレート・エディション」と呼ばれています。日本では、CDやDVD、レコードなどは、その形状から「海賊盤」と書かれる場合があります。海賊盤は、海外では「ブートレッグ」や「ブート」とも呼ばれていて、オリジナルのCDやレコードを勝手に複製し、独自に曲を集めてベストアルバムのようにしたり、コンサートの音源やアーティストの未発表音源などを無断で商品化したりして、世界各地で売られていました。本の場合は、「著作権侵害本」とも言われます。

　ちなみに、インターネットやテレビで伝達される情報の中身は、近年、「コンテンツ」と呼ばれています。いろいろなメディアで視聴できる文字や音楽、動画、ゲームなどの一つひとつがコンテンツです。そのため、海賊版を「侵害コンテンツ」、または「違法コンテンツ」と呼ぶ場合もあります。

　まずは、これらの海賊版は、正当な権利を持っている人の利益を害する違法なものであるということを覚えておきましょう。

ポイント

人や会社が作った創作物は、権利者に許可を取らずに、勝手に使ったり売ったりしてはいけない。基本的に作った人や会社が権利＝著作権を持っている。

③ 海賊版はなぜ、いけないの？

生み出されたものを横から奪ってお金を稼ぐのが海賊版

漫画、アニメ、音楽、映画、ドラマやバラエティ番組、ゲームなどの作品の制作には、とても多くの人が関わっています。そのため、完成までに長い時間とたくさんのお金がかかります。けれども海賊版は、時間やお金をかけることなく、無断で作品を複製するので、かんたんにたくさん作ることができてしまいます。

また、作者などの作品の制作にたずさわった人は、正当な報酬を受け取る権利があります。作品の人気が出て売れれば、さらに対価が入ります。けれども海賊版上の作品が、いくら人気が出て、たくさん読んだり見たりされても、作者にお金が入らず、得をするのは海賊版を作った人だけです。

現在、主流となっているインターネット上の「海賊版サイト」は、その多くが、サイトに出された広告料で収入を得ていますが、そのお金が作者に支払われることはありません。インターネットの広告は、視聴数や広告のクリック（タップ）数に応じた広告収入が入るため、見る人がたくさんいればいるほど、違法に海賊版を作った人を儲けさせてしまうのです。見るだけで、犯罪者を間接的に手助けしていると言えます。

タダ
だよ〜

人気作品が
いっぱい
だよ〜

FREE MANGA

どん
どん
集まれ〜

違法なものだと言われている海賊版を
多くの人が利用してしまうと、
どんな影響があるのでしょうか。

海賊版をみんなが見たら、作り手がいなくなってしまう

　たとえば、これまで漫画作品を買っていた人が、海賊版サイトで無料で読むようになったら、作品を買う機会が減ったりなくなったりするでしょう。また、正規のルートで購入した作品を読む人が減ると、作品作りにたずさわった人に報酬がいかなくなってしまいます。このようなことが続けば、作品を作ることを職業とする人たちは生活ができなくなって、作ることをやめてしまいます。

　あなたも、大好きな漫画家が漫画を描くことをやめたり、大好きなゲームを作る会社がなくなったりすることはいやなはずです。無料だからと、海賊版でばかり作品を楽しんでいると、そういったことが起こるということを覚えておきましょう。

もう生活していけない……か……も……

ポイント

海賊版サイトを見ると海賊版サイト運営者に利益がいくだけでなく、利益を得られるはずの人に報酬がいかずに、次の作品を生み出す予算や環境をなくしてしまう。

④ 海賊版はどうやって生まれたの？

複製の技術の進化が、海賊版も進化させてしまった

　海賊版が生まれたのは一般的に、書籍が広く出回るようになった時期と言われています。15世紀半ばに、ドイツのヨハネス・グーテンベルクが、文字や記号が彫られた「活字」を組みあわせて文章などの版を作り、そこにインクをつけて印刷する「活版印刷術」を発明します。その技術は、手作業とは比べられないほどの大量の複製を可能にし、15世紀後半にはヨーロッパの多くの地域で使われるようになりました。

　ただし、便利な技術が広まれば広まるほど、正式な商品ばかりでなく、不正商品も出回るようになるものです。書籍も同様です。書籍の海賊版が大量に流通し始めると、印刷業者は対策として、印刷物は保護の特認を受けたもののみ印刷できるというルールを考え出しました。

　19世紀になると、ヨーロッパでは文化が国をまたいで広がるようになります。自国の作品はルールを設けることなどで保護されていましたが、他国のものは許可なく複製や改変されるようになってしまったため、1886年に著作者の権利に関する国際的なルールが定められました。正式名称「文学的及び美術的著作物保護に関するベルヌ条約」、通称「ベルヌ条約」と呼ばれるもので、スイスのベルヌで締結されました。これにより、加盟国の間では、登録などの手続きをしなくても、著作者の権利は守られるようになりました。

ベルヌ条約とともに著作物を保護してきた「万国著作権条約」

　ベルヌ条約とともに、著作物を保護してきたのが、「万国著作権条約」です。ベルヌ条約加盟国では、著作物を作った瞬間から著作権が発生しますが、非加盟国の中には著作権保護のための登録を必要とする国もありました。そこで、万国著作権条約を作り、加盟すれば特別な登録をしなくても作品に©（コピーライト）をつけるだけで保護を受けられるようにしたのです。

※現在の日本では©をつけなくても著作物が作られた時点で著作権は発生します。

④ 海賊版はどうやって生まれたの？

正式な商品を複製して安く売り、儲けるために海賊版は生まれた

　そもそも、海賊版は希少で高額なものを、無断で複製して安く広く売り、利益を上げるために誕生したものです。そのため、海賊版は複製機器の進化とともに、その形態も変わっていきました。

　たとえば、1970年代から家庭用ビデオテープレコーダーが普及すると、映画やドラマ、コンサートの隠し撮りなどの海賊版ビデオが大量に出回るようになりました。その頃、正規版の映画のビデオは1万円以上していたので、多少画像が悪くても、家で安く見たい人が購入していたのでしょう。

　その後、パソコンが普及すると、音楽や動画のデータの海賊版が生まれるようになります。不正に複製されたデータを交換したり、アップロードやダウンロード、閲覧などをできるようにしたりする人が現れました。そして現在の動画や音楽の視聴の主流はスマートフォン（以下、スマホと略）によるものです。より手軽に利用できるスマホで、さらにかんたんに海賊版コンテンツにアクセスできるようになってしまいました。

昔の海賊版ショップ

おい!!『伝説のLiveが復活!』だって!

こっちは『あの人気ドラマの総集編』もあるぞ!!

今の海賊版サイト

WAO!

読みたかった漫画が無料ってなってる!!

FREE MANGA

昔は貸しレコード店や レンタルCD・DVD店が人気だった！

近頃、音楽や動画は「サブスク」で楽しむことが多いのではないでしょうか。サブスクは「サブスクリプション」の略で、月額や年額で一定の料金を支払えば、そのサービスの提供会社※が展開している音楽や動画が視聴し放題になるというサービスです。サブスクができるまでは、CDやDVDを買って視聴したり、映画館へ行って観たりするのが作品の楽しみ方の主流でした。その頃、安い金額で音楽や動画を楽しめると人気になったのが、貸しレコード店やレンタルCD・DVD店です。レンタル期間に制限はありましたが、1枚数百円でCDや

DVDを借りることができました。いつの時代も「もっと手軽に音楽や動画を」と考えたサービスが現れては、時代に応じて変わっていくのですね。

※サービスの提供会社：サービスとはお客をもてなす業務のこと。以前はたとえば、音楽はレコード会社、本は出版社が個別に発売元になっていましたが、現在はそれぞれのコンテンツの権利を買って自社の配信サイトで視聴できるようにする形態が増えました。代表例として、AmazonプライムやNetflixなどがあります。

ポイント

高額でかんたんに手に入らないものを、複製などの技術を使って安く売り、利益を上げることを目的に海賊版は作られ始めた。

⑤ 海賊版にはどんな種類があるの？

本から始まった海賊版は今、漫画や動画が主流になっている

書籍・漫画

　海賊版の歴史（10〜13ページ）でも説明したとおり、古くから書籍の海賊版は存在していました。タレントの写真集の海賊版が大量に出回り、問題になったこともありましたが、現在の書籍の海賊版の主流は漫画です。以前は作品をスキャニングしてセリフを自国のものに翻訳して印刷し、海外で販売するケースが多く見られました。その後、インターネットやスマホが一般的になると、不正に複製してインターネット上で公開する海賊版サイトがたくさん登場しました。

テレビ番組・映画

　テレビの放送番組を録画し、それらを勝手に販売したり、動画投稿サイトなどにアップロードしたりするものなどがあります。また映画館で隠し撮りした作品も、同様にインターネット上などで公開されていますが、これらも海賊版の一種です。

音楽

　アーティストのコンサートの映像や未発表の音源などを、無断で商品化して売る海賊版は、1970年代から広まりました。その後、CD-RやDVD-R、カラーコピー機などが普及すると、音質や画質を劣化させることなく複製ができるようになります。独自の海賊版商品も売られ始め、現在は、インターネット上の公開が増えています。

コンピュータ・ソフトウェア

　「海賊版ソフトウェア」とは違法に複製して作ったソフトウェアのことで、古くて手に入らないゲームソフトや、違法のコンピュータ・ソフトウェアなどに代表されます。使用を可能にするライセンスを、正規の手続きで得ることなく自分のパソコンにインストールすることは、もちろん違法です。

時代の流れにともなって
海賊版は形を変えてきました。
ここでは、海賊版の種類を説明します。

インターネット上の海賊版の種類

以前は商品として売られていた海賊版も、現在はデータ化され、インターネットを介して視聴するものが主流になっています。そのほか、違法にダウンロードできるものもあります。おもなものを紹介しましょう。

■ オンライン型

インターネット上にある海賊版のデータを、ネットに接続した状態（オンライン）で視聴するもの。漫画などに多い傾向。

■ ダウンロード型

インターネット上にある海賊版のデータを自分の端末にダウンロードして視聴するもの。海賊版のあるページへリンク※で誘導する「リーチサイト」からのアクセスが主流。漫画、映像、音楽、ゲームなどが多い。

■ ファイル共有型

特定のネットワークにつながった人同士が海賊版のデータを共有するもの。映像、音楽、コンピュータ・ソフトウェアなどが多い。

■ 動画投稿サイト・SNS上のもの

YouTubeなどの動画投稿サイトやSNS上に違法にアップロードされたもの。テレビ番組やコンサート映像、漫画のページを撮影した動画などが多い。手軽に見られるため、海賊版を見ているという自覚を持ちにくい。

※リンク：サイト上の文章やURL、画像をクリックやタップすることで、ほかのページやサービスへ移動する仕組みのこと。

ポイント

漫画、音楽、映像、コンピュータ・ソフトウェアなど、さまざまな種類がある海賊版。コンテンツがデータ化されたことで、海賊版のできるスピードはアップし、量もぼう大に。

⑥ 正規版vs.海賊版 正規版ってどうやって作られるの?

こんなに多くの工程を経て正規版は作られる

協力：一本木蛮さん

1 ネタ集め〜構想を練る

漫画制作は、ネタ作りから始まります。そのため、「おもしろい」「今度描いてみたい」と思うアイデアのネタを日常的に集めておきます。手帳やスマホのメモ、手近な紙などに、思いついたときに書き留めておきます。それらのアイデアから、作品の構想を考えていきます。

※各工程をパソコンを使って行う漫画家もいる。

このメモから実際に採用されたものもいっぱい。

2 打ちあわせ

漫画を掲載する雑誌の出版社の担当編集者と、「今回はこんなお話にしよう」「こんな登場人物でいこう」などと話しあって、作品の土台固めをします。

海賊版には正規版と呼ばれる、
もととなる作品が必ずあります。ここでは、
正規版の作られ方を、漫画雑誌を例に紹介します。

③ プロット作り

ストーリーやキャラクターの設定、
背景などを文章で書いていきます。
絵で描いていく漫画家もいます。何
度も読み直して、エピソードを増や
したり減らしたり変えたりと手直しを
し、どこからどこまでを何ページ描
くのかなども決めていきます。

④ ネーム作成

ストーリーや設定などが決まったら、「ネーム」と呼ばれるラフ原稿を描き
ます。どんなコマ割りにするのか、キャラクターがどんなセリフを話すのか
などがわかるようなものを作り、編集者にチェックしてもらいます。

この時点で、
何度も描き直
すことも。

⑤ 作画

参考にする場所やものの写真を、いろいろな角度から何千枚も撮って保存している漫画家も多いようです。この時点では吹き出しの中は真っ白。

編集者からネームのOKをもらったら、作画をします。下書きとメインのキャラクターは漫画家が描いて、背景や小物などはアシスタントに任せる場合もあります。

⑥ 編集者がセリフの指示を出し、印刷所へ渡す

下書きで書かれていたセリフを吹き出しの中に入れます。どんな大きさのどんな書体が適しているかなどは、おもに編集者が考えます。すべてのページができたら、印刷所に渡します。

なんで教えてくれないの？

もう1回チャンスを!!

許せない!

ああ……明日もう行っちゃうの？本当に？

作られるの？

7 印刷・製本

すべてのページが印刷されたのち、表紙をつけるなど、製本の作業が行われます。

8 取次

製本されたら、取次と呼ばれる本の問屋へ送られ、ここから全国の書店やコンビニエンスストアへ1件1件人の手で運ばれます。

9 読者の手元へ

書店などを通して、読者の手に渡ります。

一方、海賊版は……

できあがった正規版を複製したり、すでに上げられている海賊版をダウンロードしたりして、それを自分で公開するだけ。多くの時間と労力をかけた作品を安易に利用しているのです。

番外編

雑誌連載ではなく、単行本の場合はカバーも

作品が単行本になるときは、カバーとなるカラーの絵も描きます。取材をした一本木さんの『同人少女JB』の場合、カバーの絵で1巻ごとに主人公の表情や衣装を変え、その変化で成長がわかるようにするため、何枚もの下絵を描いたそうです。

ポイント

正規版は、作り手がアイデアを生み出し、多くの手間と時間をかけ、たくさんの人が関わってできあがることを知っておこう。

多くの手間と時間をかけてできた作品を盗んで儲けているのが海賊版

「海賊版は悪いものだと、もっと広く知ってほしい」と語る漫画家の一本木蛮さん。漫画作品が生まれるまでの苦労と、漫画家として感じる海賊版の影響について、お話を伺いました。

Q 一本木さんは、どのようにして漫画家になったのですか?

　私は小学生の頃からハガキに絵を描いて雑誌によく投稿する子どもで、その縁で雑誌にイラストを描く経験もしましたが、正式な漫画家デビューは17歳のときです。漫画家は、雑誌に投稿し、賞を取ってデビューするのが一般的ですが、私の場合はちょっと違います。『うる星やつら』のファン代表の1人として、アニメイベントのレポートを漫画にしたのがデビュー作になりました。

　あるとき、『うる星やつら』のラムちゃんのコスプレをしている姿がアニメ雑誌に載り、そのときの出来事を絵に描いてハガキを出したら、また同じ雑誌に掲載されたんですね。そんな経緯で「この子、おもしろいね」と注目されるようになり、編集部から声がかかって、デビューのきっかけとなったんです。

　その後、大学生になってから、『一本木蛮のキャンパス日記』の連載が始まりました。当時は日記漫画がほとんどなかったからか、結構長く描かせてもらいました。

Q 漫画作品を生み出すまでで一番大変な作業はなんですか?

　ネームですね。漫画家は漫画を描いていないときも、常に「これ、おもしろそう」とか「この設定、今度使ってみたい」といったアイデアを集めてい

ます。そうしたアイデアをつなげたり、組み立てたりして、漫画の設計図となるのが、一般的にネームと呼ばれるものです。

　「見開き」という、本の左右向かいあう2ページの状態の紙に、えんぴつで大まかに漫画のコマを描きます。「ここは大きく使おう」とか「ここでこのセリフを言わせよう」とか、キャラクターの配置や顔の動きなども考えます。そのほか、背景についてもここで考え、自分の頭の中で描いているものを少しずつ形にしていくのです。

　自分の中で完成となったら、担当編集者のチェックを受けます。「このキャラクターは、ここでこんなことは言わないんじゃないの?」とか、「この内容は、今の読者層にヒットしないんじゃないかな」などという客観的なアドバイスを受けます。自分の中では矛盾していなかったものも、ほかの人が読むことで、作者が都合よく話を作ってしまっている、つまり読者が読みづらいような状態になることを防ぎます。だから、ネームは描き直しになることもしばしばです。5〜6回描き直すというのはザラにあることですね。

　特に新しい作品を作り始めたときは、自分の中でもキャラクターの設定がつかみきれていないことが多くて、いろいろと不安定になりがちです。

話が進むにつれて、私の頭の中でキャラクターが少しずつ育っていく感じですね。作品作りで手がかかるのは実際にペンを入れていく「作画」と呼ばれる段階ですが、絵を描くのは楽しい作業なので、やはりネーム作りが一番大変です。

Q 海賊版の影響について教えてください。

　漫画というのは、漫画家自身がアイデアを出すことから始め、少しずつパーツを組み立てながら1つの作品に仕あげていくものです。時間がかかる仕事ですが、漫画家にとっては作品がすべてなので、力も時間もつぎ込んで描きます。その作品を世の中にきちんとした形で出せるよう、懸命に応援してサポートしてくれるのが出版社の人たちで、作品ができあがってからも多くの人のサポートがあって、みなさんの手元に漫画作品が届くのです。

　そうして、時間も人の手もかけてようやくできあがったものを、海賊版は勝手にひょいっと複製して、無料で読めるようにしてしまうんです。正規版の作品は基本的に有料ですが、海賊版は0円で読めるので、それならと海賊版で読む人が現れますよね。でも、そうなってしまったら、漫画家のところにも出版社にも1円も入ってきません。

　無料の海賊版サイトで漫画を読む人ばかりになったら、どうなると思いますか？　漫画家にお金が入らず、生活をしていけなくなれば、漫画家をやめてしまう人も現れます。資金がなくて漫画を作り続けられなくなる出版社も出てきます。あなたの好きな作品が最終回まで描かれないかもしれない、単行本の続きがもう出ない、という事態になってしまうかもしれないのです。

　海賊版って名前が、ちょっとかっこいいイメージなんですよね。漫画やアニメの『ONE PIECE』『宇宙海賊キャプテンハーロック』『小さなバイキング ビッケ』『宝島』とか……、海賊には、楽しそうで、かっこいいイメージがあるので、もっと「悪いもの」だという呼び方にしたほうがいいと思います。「泥棒版」とか「侵害版」とか。さすがに悪い意味の文字がついていると、子どもでも「悪いもの」だと思えるじゃないですか。

Q 読者にぜひ 知ってほしいことはありますか?

「自分が漫画家の立場だったら」と考えてほしいですね。たとえば、あなたの夏休みの自由研究がうまくできあがって、先生やクラスのみんなからの評判もすごくよかったとします。でも、その作品を勝手にほかの人が世界コンテストに出して、優勝して賞金をもらっていたら、「それ、私が作ったもの!」って驚きますよね。そして、私の作品で勝手に賞金をもらって絶賛されているけれど、私には何もない。それって、すごくいやなことですよね。作品の泥棒です。

みなさんが読む漫画は完成した作品ですが、その1話を描くために、調べ物をして、話を組み立てて、やり直しを何度もして、どれだけの時間をかけて、泣きそうになりながらやっているか。どれだけ、たくさんの人が関わって、できあがっているのか。もっと広く知ってほしいですね。たくさんの時間と労力をかけてできている作品だからこそ、ちゃんとしたサイトや本で読んでほしいです。私たち漫画家の努力の証である作品だから、私たちへの応援や愛情が伝わる形で漫画を読んでほしいと思います。

一本木蛮さん

漫画家。漫画家としての活動のほかに、コスプレ、バンド、バイク、自転車、映画など多方面での活躍をしている。日本漫画家協会常務理事、ABJ理事、日本SF作家クラブ会員、大手前大学建築&芸術学部や京都精華大学マンガ学部などで講師も務めている。

23

⑦ 海賊版かどうかを見分けるにはどうしたらいいの?

「早い」「無料」など
お得すぎる話には裏がある

　基本的に漫画が新刊として売り出されてすぐに、無料で読めるということはありません。出版社が特別に行っているサービスや、電子書籍の試し読み、電子書籍配信サービスによる期間限定サービスなどが行われていることはありますが、発売・公開されてすぐに無料というケースがあれば、正規版かどうかを疑ったほうがいいでしょう。

　また、映画やテレビ番組は、のちにDVDとして発売されることがありますが、公開されてすぐにDVDとして売られていたり、すぐにインターネット上で視聴できたりする場合は、海賊版の可能性が高いです。ただし海外の作品で、その作品が作られた国で先に公開され、日本では半年後に公開などという場合、現地版のDVDが日本で先行販売されるケースはあります。

　正規の商品よりも、極端に安かったり、格段に早く入手できたりする場合は、まずは海賊版であることを疑いましょう。

　出版物や音楽には、右ページで紹介するような、正規版であることを証明するマークがありますので、覚えておくと安心です。

海賊版を見たりダウンロードしたりすることがよくないとわかっていても、一見、正規版かどうかわからない場合もあります。どこで見分ければいいのでしょうか。

正規版と証明するマーク

正規の電子出版サービスだと証明する「ABJマーク」

「ABJマーク」は、作品の正式な権利を持っている作者や出版社からきちんと許可を受けて提供されているサービスだということを示すマークです。ABJとはAuthorized Books of Japanの略で、公認された＝Authorized、日本＝Japanの本＝Booksという意味です。電子書籍のアプリやサイトの目につくところ、おもにトップページに掲示されていて、このマークがあるサービスで読めば、安心です。

Authorized Books of Japan
ABJ

提供：一般社団法人ABJ

正規の音楽・映像配信サイトだと証明する「エルマーク」

「エルマーク」は、正式な権利を持っているレコード会社・映像製作会社から提供され、配信されている音楽や映像だと示すマークです。配信会社の公式サイトのトップページや作品の購入ページ、再生画面ページなどに表示されています。このマークがないからといって、違法な作品というわけではありませんが、1つの安心の基準として知っておきましょう。エルマークには、許されている行為ごとに、マークに違いがあります。

 視聴のみできる正規コンテンツです

 ダウンロードできる正規コンテンツです

提供：一般社団法人日本レコード協会

ポイント

公開されてすぐ無料になったり、商品化されたりするのは正規版でない可能性も。正式に許可を受けたサービスかどうかは、業界ごとに作られているマークをチェックしてみて。

ウイルス感染や詐欺、危険なサイトへの誘導などの可能性が

　海賊版を買ったり、海賊版サイトを利用したりすることは、海賊版サイト運営者が利益を得ることを手助けしていることになります。また、海賊版が危険と言われる理由は、海賊版サイトを訪れる視聴者にも被害が発生するリスクがあるからです。

　海賊版に待ち受けている危険には、以下のようなものがあります。

■ウイルスに感染

海賊版サイトからダウンロードしたファイルを開いたり、表示されている広告をクリック（タップ）したりすると、ウイルスに感染する恐れがあります。パソコンが乗っ取られたり、壊されたりする場合も。また突然「ウイルスに感染しています」と表示が出ることがあり、あわててクリック（タップ）すると、詐欺にあうケースもあります。

■個人情報の流出

海賊版サイトでは、名前やメールアドレス、住所などの連絡先、クレジットカードの情報、パスワードなどを入力させて、その情報を盗み取る「フィッシング詐欺」も増えています。利用者のアカウントを乗っ取るケースもあります。

■悪質なサイトへ誘導

違法なアダルトサイトや出会い系サイトに誘導されるような仕組みになっているものもあります。出会い系サイトでの出会いがきっかけとなって、誘拐や性被害、殺人などの事件が起こる危険があります。

海賊版の利用は犯罪に手を貸す行為なだけでなく、
危険もあると言われています。
なぜなのでしょうか。

こんな危険があるから注意を！

Case1

Aさんは中学1年生。夕食後に部屋でSNSを見ていたら、「100万人が癒された愛猫の瞬間！　総集編」という動画が流れてきて、なんの気なしにタップをしました。すると、そのSNSから動画投稿サイトに飛ばされて、Aさんのアカウントと動画アプリを紐づける許可を求められました。「大好きな猫の動画が見られるなら」と許可をすると、Aさん名義で、動画を紹介する投稿が次々と勝手に作られてしまいました。Aさんは投稿を止める方法がわからず、困惑してしまいました。

Case2

おかーさーん
パソコンが
おかしく
なった～！

Bさんは中学2年生。家のパソコンで好きなアニメについて調べていたら、アニメ作品が無料で見られるというサイトを見つけました。うれしくなって、そのページにアクセスし、作品をダウンロードするとパソコン画面が真っ暗になり、パソコンを元に戻すためにはお金が必要だというメッセージが現れてしまいました。

ポイント

海賊版サイトは作品を違法に利用して人を集めることで、人々をさまざまな危険な落とし穴に誘導する場所です。作品は正規のサービスで、正しく楽しみましょう。

❾ もしも海賊版サイトへ行ってしまったら

不安や不信を感じたら、そのページをすぐに閉じて

　インターネットで検索をしたり、SNSを見たりしているだけでも、海賊版サイトへ行ってしまう可能性はあります。もしも、「このサイトは怪しいかも」と感じても、どこもクリックやタップしなければ大きな危険はありません。怪しいと思ったら、すぐに画面を閉じてしまいましょう。「戻る」などのボタンをクリック（タップ）するよりも確実です。個人情報を要求する画面が現れても、けっして入力してはいけません。

メールアドレスが流出して迷惑メールが来るようになったら

　注意していても、自分のメールアドレスが迷惑メール送信業者の手に渡ってしまうことがあります。近年の迷惑メールや詐欺メールなどのスパムメールはとても巧妙で、一見すると本物か偽物か判断しづらくなっています。有名なショッピングサイトや銀行、カード会社、宅配業者の名前をかたって送ってくるケースも多く見られます。件名やメールの文章に「重要」「警告」「アカウント停止」などの言葉を使って、受け取る人を不安にさせることもあります。
　迷惑メールや詐欺メールを開くと、勝手に有害サイトに誘導されて望まない広告が表示されたり、ウイルスに感染させられたり、個人情報を抜き取られたりする恐れがあります。不審なメールは開かず、また、リンクなどを開かないようにします。どうしても気になる場合は、リンクを開かずに、直接、送信元となっている会社のサイトを確認してみましょう。詐欺の場合、警告が出ていることがあります。

「これは海賊版サイトかも」「このサイトは怪しい……」
というサイトに行ったらどうしたらいいのか、
すぐにできることを考えてみましょう。

なぜ海賊版は悪いものだと言われているのでしょうか?

● オリジナル作品の作者の気持ちを傷つける
● 犯罪者の手助けをすることになる
● 利用者も罪に問われる危険がある
● ウイルス感染や犯罪に巻き込まれる危険がある
● 今後、創作物が生まれなくなる可能性がある

これらをふまえて、海賊版の存在を自分たちの
問題として、身近な人と話しあってみましょう。

さくいん

● 監修／上沼紫野（うえぬま・しの）

虎ノ門南法律事務所所属弁護士。1997年に弁護士登録。2006年にニューヨーク州弁護士登録。知的財産、IT関連、国際契約等の業務をおもに行う。総務省ICTサービス安心・安全研究会「青少年の安心・安全なインターネット利用環境整備に関するタスクフォース」委員、内閣府「青少年インターネット環境の整備等に関する検討会」委員などを務める。共著に『著作権法実戦問題』（日本加除出版）、監修に『改訂新版　学校で知っておきたい著作権』シリーズ（汐文社）などがある。

● 編／メディア・ビュー（橋本真理子、酒井範子）

一般書籍、雑誌、企業の冊子、Webを中心に、企画・編集・デザインを行っている。おもな制作物に『東京フィフティ・アップBOOK』（東京都福祉保健局）、『からだにいいこと』（世界文化社）、『たまひよオンライン』（ベネッセコーポレーション）、『気をつけよう！ ネット動画』シリーズ、『のぞいてみよう　外国の小学校』シリーズ（以上、汐文社）などがある。

● 取材協力

一般社団法人コンテンツ海外流通促進機構（CODA）　一般社団法人ABJ
公益社団法人日本漫画家協会

● イラスト／高田真弓　　● デザイン／大岡宏子

● 撮影／野頭尚子　　● 編集担当／門脇 大

気をつけよう！　海賊版・違法ダウンロード
①なぜ海賊版ができるようになったの？

2024年1月　初版第1刷発行

編　集　メディア・ビュー
発行者　三谷　光
発行所　株式会社汐文社
　　　　〒102-0071　東京都千代田区富士見1-6-1
　　　　TEL 03-6862-5200　FAX 03-6862-5202
　　　　https://www.choubunsha.com
印　刷　新星社西川印刷株式会社
製　本　東京美術紙工協業組合

ISBN978-4-8113-3108-9